Daniel St Amour

# Dialogue sur l'aura

Lemelin —Cooper

**Catalogage avant publication de Bibliothèque et Archives nationales du Québec et Bibliothèque et Archives Canada**

St Amour, Daniel, 1959-

  Dialogue sur l'aura : nous sommes tous des gens de couleurs

  ISBN 978-2-9812243-7-8

  1. Aura. I. Titre.

BF1389.A8S24 2015       133.8'92       C2015-940678-1

**Infographie**
Anne-Marie Jacques
**Révision linguistique**
Stéphanie Tétreault (stéphanie.tetreault@videotron.ca)
**Mise en page**
Danny Doo
**Conseils et critiques**
Stéphanie Tétreault, Michelyne Fiori, Mélany Hains
**Éditeur :**
Daniel St Amour
186, rue Houle, App. 1
Saint-Eustache (Québec) J7P 2L6
Courriel : groupeinvisible@videotron.ca

**Copyright © Daniel St Amour, 2015**
Dépôt légal
Bibliothèques et Archives nationales du Québec
Bibliothèques et Archives Canada
ISBN 978-2-9812243-7-8
ISBN 978-2-9812243-8-5 (PDF)
ISBN 978-2-9812243-9-2 (EPUB)

« La seule façon de découvrir les limites du possible,
c'est de s'aventurer un peu au-delà, dans
l'impossible. »

« Quand un savant distingué mais vieillissant estime
que quelque chose est possible,
il a presque certainement raison,
mais lorsqu'il déclare que quelque chose est
impossible,
il a très probablement tort. »

Sir Arthur C. Clarke
Scientifique, inventeur et écrivain britannique
(16 décembre 1917 – 19 décembre 2008)

# Avant-propos

Après plus de 20 ans de recherche, d'étude et de pratique, j'ai rassemblé, sous la forme d'un dialogue, la majorité des questions que les gens me posent ou se posent eux-mêmes sur les réalités de l'aura. C'est en me positionnant comme expérimentateur ou, si vous préférez, comme cobaye que j'ai pu vérifier, évaluer, quantifier, qualifier, peser, soupeser et revérifier ce qui est possible d'apprendre et d'expérimenter sur les réalités de l'aura. Je vous livre ici, dans ce *Dialogue sur l'aura*, l'ensemble des phénomènes que j'ai expérimentés.

Certains phénomènes présentés dans cet ouvrage et que j'ai vécus alors que j'expérimentais sur la perception de l'aura peuvent être pour plusieurs dérangeants, troublants, invraisemblables, voire hérétiques. Néanmoins, toutes les expériences que j'y décris sont authentiques, réelles et vérifiables. Vous pouvez en faire vous-même l'expérience. Comme tout chercheur et expérimentateur sérieux, j'ai appliqué une méthode pratiquée et acceptée dans le domaine scientifique : toute observation à plus de trois reprises d'un même phénomène peut être considérée comme réelle et authentique, et ce, peu importe le laps de temps écoulé entre l'observation d'un même phénomène. Ainsi, même si nous ne pouvons l'expliquer, le phénomène étudié demeure réel et authentique. Que ces phénomènes observés décrits dans cet ouvrage ébranlent vos conceptions, vos croyances ou incroyances, votre incrédulité ou votre incompréhension, ils demeurent réels et authentiques. C'est en adoptant cette méthode éprouvée que j'ai pu expérimenter la perception de l'aura et même au-delà de la perception de l'aura.


Daniel St Amour

# Dialogue

*Q : Qui peut percevoir l'aura?*

R : Tout le monde peut percevoir l'aura. Toute personne qui le souhaite, qui en fait le choix. Comme je m'amuse à le répéter, c'est aussi simple que d'apprendre à compter sur ses doigts!

*Q : Je croyais que les personnes qui perçoivent l'aura avaient des dons particuliers ou extra-sensoriels. Du moins, c'est ce que beaucoup de gens croient.*

R : Non, pas du tout! Ce sont des croyances, des croyances tenaces, qui n'ont aucun fondement, aucune réalité. J'ai entendu ou lu des dizaines de fois des médiums ou des diseuses de bonne aventure déclarer qu'ils ont ce don depuis la naissance et qu'eux seuls en détiennent les secrets. C'est n'importe quoi; c'est de la foutaise! En se déclarant uniques, ces médiums entretiennent le mystère, et c'est économiquement à leur avantage. Vous savez, si vous me donnez plus de sous, je vais pouvoir vous en dévoiler davantage à votre sujet … [Rires] Et ça fonctionne! Abracadabra! Je vois votre aura, vous avez un bel avenir, veuillez passer à la caisse…

*Q : Vous accusez ces prétendus médiums de frauder les gens?*

R : Oui. Monétairement et intellectuellement. Ces prétendus médiums fraudent, volent les gens et tirent profit de leur crédulité. Ces personnes qui consultent ces médiums sur une base plus ou moins régulière seraient mieux servies en consultant des intervenants en santé psycho-émotive. Elles résoudraient ainsi de façon beaucoup plus sérieuse et efficace leurs angoisses et leurs questionnements existentiels.

*Q : Vous affirmez que ça ne prend aucun don particulier pour percevoir l'aura?*

R : Effectivement. Aucun don. Les gens qui me sollicitent pour que je leur enseigne les rudiments de la perception de l'aura n'ont aucun don particulier et n'ont jamais vu l'aura. Pourtant, après la première demi-heure de pratique, à leur première ou deuxième tentative, ils commencent à voir l'aura d'un autre participant. Après deux heures de pratique, ils ont vu l'aura des autres participants à plusieurs reprises. Percevoir l'aura est une chose simple. Ce n'est qu'une question d'apprentissage, d'observation.

*Q : Qu'est-ce que la science pense de tout ceci?*

R : Il y a bien quelques scientifiques qui se sont penchés sur ce phénomène, mais aucune étude sérieuse ne l'a examiné. Certaines de ces études sont tout simplement bâclées, remplies de croyances et de faussetés. Beaucoup de scientifiques entretiennent autant de croyances sur l'existence ou l'inexistence de l'aura que les amateurs de paranormal, les spiritualistes.

*Q : Quelles sont ces croyances scientifiques? Quelles sont ces études?*

R : Premièrement, d'après plusieurs études scientifiques, ceux et celles qui perçoivent des couleurs au pourtour du corps des gens souffriraient d'un trouble de nature neurologique appelé la synesthésie[1]. Il y a un sérieux problème avec cette affirmation. Une étude de l'*American Synesthesia Association* affirme que 1 personne sur 23 en souffrirait, alors qu'une autre étude affirme que c'est 1 personne sur 2 000. Comment expliquer cette énorme différence entre ces deux études? Vous comprenez l'absurdité de ces chiffres! Il y a tout un gouffre entre 23 et 2 000 individus. Je sais que la synesthésie est un réel phénomène[2], qu'il soit de nature neurologique ou autre, mais personne ne peut enseigner la synesthé-

---

[1] Selon Richard Cytowic, neurologue, Jamie Ward, professeur de neurosciences cognitives et Danko Nikolic, neurologue.
[2] Selon un reportage vidéo de l'émission *Découverte* à Radio-Canada diffusée le dimanche 3 novembre 2013.

sie; elle est involontaire. La perception de l'aura, de son côté, s'enseigne et est volontaire; c'est un apprentissage. La perception de l'aura n'est, de toute évidence, pas un trouble neurologique.

*Q : Et qu'est-ce qui vous fait croire que ce n'est pas un trouble neurologique?*
R : Comme je viens de le mentionner, personne ne peut vous enseigner la synesthésie, et ce, peu importe la forme qu'elle revêt. La perception de l'aura, quant à elle, est un réel apprentissage. Je peux vous en démontrer la réalité; je peux vous l'enseigner.

*Q : Y a-t-il d'autres études scientifiques qui vous semblent inexactes quant à la perception de l'aura?*
R : Oui. Certains croient que c'est un trouble oculaire ou une fatigue de la rétine, mais aucune étude n'a été faite à ce sujet. C'est une affirmation gratuite. Vous savez, beaucoup de scientifiques tentent d'expliquer l'aura par une pathologie, un trouble, une anomalie ou encore une hyperactivité cérébrale, alors que, dans les faits, c'est une perception naturelle tout comme nos cinq autres sens : la vue (par les yeux), le toucher (par les mains), l'ouïe (par les oreilles), l'odorat (par le nez) et le goût (par la langue). Il y a autant de croyances

sur l'aura issues des sciences, ou de la pseudo-science, qu'il y en a des domaines spirituel ou ésotérique. Ces deux groupes d'individus ne savent tout simplement pas ce dont ils parlent quand il s'agit de l'aura : ils fabulent.

*Q : Ils fabulent?*
R : Tout à fait! Certains scientifiques affirment que c'est un trouble neurologique, alors que les spiritualistes affirment que c'est une sorte d'énergie à caractère spirituel. La perception de l'aura est beaucoup plus près d'un art que de la science ou de la spiritualité. Dans les faits, je considère la perception de l'aura comme un art et une science, les deux à la fois, que l'on développe par une pratique simple, l'expérience et l'expérimentation.

*Q : Et quelles sont ces croyances entretenues par les spiritualistes?*
R : Ils en ont plusieurs, mais les plus tenaces sont que l'aura serait une sorte d'énergie vitale, quelque chose de spirituel, de surnaturel. Dans les faits, ils n'en savent absolument rien. Ils ont simplement lu cette affirmation dans quelques bouquins qui traitent du sujet et diffusent cette information comme étant véridique, sans l'avoir vérifiée. Ce sont des croyances, des dogmes, comme il y en a dans les

religions ainsi que dans les sciences. D'autant plus que je ne sais pas ce qu'est la spiritualité.

*Q : Vous ne savez pas ce qu'est la spiritualité?*
R : Non. Je ne connais rien à ce sujet; je ne sais pas ce que c'est. Questionnez dix soi-disant spiritualistes à ce sujet et vous obtiendrez dix réponses différentes. Les spiritualistes sont comme les religions : ils colportent des croyances qui souvent n'ont rien à voir avec la réalité, tout comme beaucoup de scientifiques, d'ailleurs. Ces deux groupes d'individus, les spiritualistes et les scientifiques, ne cessent de s'obstiner sur la réalité de certaines choses, dont l'existence ou l'inexistence de l'aura. Ça me fait sourire.

*Q : Avec vos affirmations, vous ne risquez pas de choquer certains scientifiques, certains spiritualistes?*
R : Non. Contrairement aux scientifiques, je n'ai aucun diplôme universitaire à défendre ou doctorat, ni aucune limite à ne pas franchir pour ne pas être réprimandé par mon association scientifique ou, pire, ostracisé. [Rires] Si mes affirmations les choquent ou les bouleversent, c'est leur problème. S'ils ne sont pas contents, ils peuvent toujours aller voir leur syndicat et me faire un grief... [Rires]

Vous savez, l'intégrisme et le fanatisme ne sont pas seulement une chose exclusive aux religions ou aux religieux : il y en a partout, même dans les sciences. Ces gens tentent d'expliquer tout, alors que, dans les faits, dans la réalité, ils ne peuvent tout simplement pas le faire.

*Q : Vous réfutez et rejetez les études scientifiques émises sur la perception de l'aura?*
R : Oui. Toutes les études scientifiques sur la perception de l'aura ainsi que toutes les études qui entremêlent ou associent le phénomène de la synesthésie à la perception de l'aura ne sont pas à prendre au sérieux, et ce, sans aucune exception. Comme je vous le mentionnais, c'est de la fabulation, de la malhonnêteté intellectuelle.

*Q : Ce n'est pas évident pour tout le monde d'accepter vos prétentions au sujet de la perception de l'aura.*
R : Ce ne sont pas des prétentions; c'est la réalité, c'est l'expérience qui parle, l'expérimentateur.

*Q : Vous offrez donc des ateliers sur la perception de l'aura?*
R : Oui. Seulement quelques fois par année, selon mes disponibilités.

*Q : D'après vous, la perception de l'aura est un apprentissage, une affaire d'expérience?*

R : Effectivement.

*Q : Gagnez-vous votre vie à offrir ces ateliers?*

R : J'ai un métier traditionnel dans le domaine de la construction qui me permet de vivre de mon métier. J'aime mon métier, et j'aime les gens avec lesquels je travaille. Je ne le quitterais pas pour donner à temps plein des ateliers sur la perception de l'aura.

*Q : Alors, qu'est-ce qui vous motive à donner des ateliers sur la perception de l'aura? Ce n'est, de toute évidence, pas une question d'argent.*

R : Parce que ça m'amuse! J'aime cela. J'aime voir les gens s'émerveiller lorsqu'ils voient l'aura pour la première fois. C'est comme les enfants qui s'émerveillent devant les tours d'un magicien. Dans ce cas-ci, ce sont eux, les magiciens. Ils se découvrent une faculté qu'ils ignoraient, une autre façon de voir le monde.

*Q : Qui sont ces gens qui désirent apprendre à percevoir l'aura? Quelles sont leurs motivations? Qu'est-ce qui les attire?*

R : Pour plusieurs, c'est seulement de la curiosité. Ils veulent savoir si l'aura est réelle, s'ils sont capables de la percevoir et si c'est aussi simple que je le prétends. Pour d'autres, c'est une motivation plus profonde, une soif de savoir pour tout ce qui est mystérieux, invisible et impalpable, ou encore une sorte de quête à caractère spirituel.

*Q : Qui sont ces personnes? D'où viennent-elles?*
R : Que voulez-vous dire?

*Q : Quel est leur métier, quelle est leur profession? Sont-elles athées, religieuses, scientifiques?*
R : Je n'en sais absolument rien. Ça ne m'intéresse pas de savoir ce qu'elles font dans la vie, si elles pratiquent une religion ou non, si elles sont athées ou agnostiques. Ça n'a aucune importance. Elles viennent pour apprendre à percevoir l'aura, c'est tout. Ça ne me regarde pas de savoir ce qu'elles font dans la vie; ce n'est pas de mes affaires. Comme je vous le mentionnais, ce n'est pas important. Ce qu'elles font dans la vie ne favorise ou ne défavorise d'aucune façon leur capacité à percevoir l'aura. C'est un savoir, une science, un art, un apprentissage.

*Q : Alors, tout le monde a la capacité de percevoir l'aura?*

R : Oui. À moins d'être aveugle, atteint de cécité, tout le monde a la capacité de percevoir l'aura.

*Q : D'où vous viennent ce savoir, ces connaissances sur la perception de l'aura?*
R : Voilà plus de 20 ans, au début des années 1990, alors que j'étais assis à la terrasse d'un café à boire mon expresso et à fumer une cigarette, mon regard s'est arrêté sur une femme qui se trouvait à environ cinq mètres de moi. J'ai remarqué qu'une sorte de film lumineux blanc d'un bon mètre d'épaisseur émanait d'elle. Cela m'a saisi, stupéfié, effrayé! J'ai quitté le café en vitesse. Arrivé chez moi, j'ai appelé un psychologue de ma connaissance qui m'avait aidé par le passé pour un problème de phobie.

*Q : Vous êtes allé consulter un psychologue?*
R : Oh que oui! Et ça pressait! Je croyais que je souffrais d'une psychose qui n'avait pas encore été découverte! Je croyais que je vivais un effet secondaire à retardement de ma consommation de LSD[3], dans les années 1970! Mais il n'en était rien.

*Q : Que vous a-t-il dit?*

---

[3] Le LSD, aussi appelé LSD-25, est un psychotrope hallucinogène. Son nom chimique est diéthylamide de l'acide lysergique.

R : Que vouliez-vous qu'il me dise… que j'étais devenu fou? Comme tout bon intervenant en santé mentale et psycho-émotive, il m'a écouté. Il m'a laissé ventiler ma stupeur, ma peur, mon incrédulité, mes questionnements existentiels. Je craignais par-dessus tout de me retrouver dans un asile psychiatrique, dans une chambre aux murs recouverts de caoutchouc!

*Q : Vous étiez réellement effrayé?*
R : Oui, tout à fait! Je ne comprenais pas cette hallucination soudaine. Je ne savais pas, à cette époque de ma vie, que l'aura pu exister. J'avais 33 ou 34 ans, et je n'avais jamais entendu parler de l'aura de ma vie. Je ne savais rien à ce sujet. J'étais vraiment inquiet pour mon équilibre psychologique et émotif, pour ma santé mentale. Je croyais à tort que je souffrais d'une psychose. D'ailleurs, c'est la première chose que j'ai dite au psychologue quand je suis entré dans son cabinet : « Docteur! Je crois que je suis psychosé! »

*Q : J'imagine la réaction du psychologue. Comment a-t-il réagi à votre déclaration?*
R : Comme tout bon intervenant, d'un air sérieux et d'un ton calme et monocorde, il m'a demandé ce qui me faisait croire que j'étais psychosé. Je lui ai

raconté ce que j'avais vécu quelques jours plus tôt. Que j'avais vu une lumière blanche d'un mètre d'épaisseur au pourtour du corps d'une femme à la terrasse d'un café et que cette hallucination m'avait foutu la peur de ma vie.

*Q : Que vous a-t-il répondu?*
R : Que j'avais simplement vu l'aura de la dame, son corps éthéré[4]. Que je ne souffrais d'aucune psychose, en ajoutant que les gens qui souffrent de psychose ne se demandent pas s'ils sont psychosé, s'ils déforment la réalité. Ils ne se le demandent pas : ils le sont, point. Alors que moi, après cette hallucination, la première chose que je craignais, c'était d'être victime d'une psychose. Ma réaction était tout à fait normale et rationnelle. Dans le doute, mon premier réflexe fut d'appeler un professionnel de la santé psycho-émotive.

Cet évènement m'a vraiment effrayé. Cette hallucination spontanée m'a bouleversé. J'ai consulté ce psychologue à plusieurs reprises à ce sujet. Je n'en revenais tout simplement pas. C'est à la suite de ce premier évènement que j'ai commencé des recher-

---

[4] C'est la première enveloppe, sorte de pellicule blanche sans couleur, que l'on perçoit au pourtour d'une personne. Elle est aussi appelée énergie vitale.

ches sur le sujet, une sorte de quête. Ma soif de connaître n'avait aucune limite. Je voulais savoir tout ce qu'il était possible d'apprendre sur l'aura. J'ai emprunté tous les livres à la bibliothèque de la ville où j'habitais qui traitaient du sujet, mais je demeurais sur ma faim. La seule réelle information que je trouvais était à caractère spirituel ou ésotérique. À l'époque, Internet n'existait pas. C'est beaucoup plus facile aujourd'hui de s'informer ou, du moins, de tenter de s'informer.

*Q : Les consultations chez le psychologue vous ont-elles aidé?*
R : Oui. Et je crois que j'ai joué de chance en consultant ce psychologue. Il connaissait l'existence de l'aura. Il lui arrivait de la percevoir alors qu'il avait des clients face à lui racontant leurs peines, leurs difficultés, leur désarroi. Tout comme moi, il voyait de temps à autre l'aura, et au-delà de la perception de l'aura.

*Q : Que voulez-vous dire par « au-delà » de la perception de l'aura?*
R : Je ne sais pas si je dois vous raconter ce que j'ai expérimenté avec ce psychologue… C'est encore plus dérangeant que le simple fait de percevoir l'aura.

*Q : Racontez-moi. Qu'y avait-il de si dérangeant?*
R : Alors que je venais à peine de prendre place dans la chaise du cabinet, nous avons discuté un peu de moi, de mon boulot, de mes amours. Puis, le psychologue m'a invité à faire une petite expérience. Il m'a demandé de prendre une bonne respiration, de relaxer et de le fixer droit dans les yeux, tout en faisant la même chose de son côté.

*Q : Vous semblez bouleversé...*
R : Je le suis. Cela me ramène tellement loin dans le passé. Laissez-moi quelques secondes et je vous raconte. [Pause] Alors que je le fixais de façon passive et désintéressée, ma vue a commencé à se brouiller, à déformer le visage du psychologue. Je ne voyais plus son visage ni le reste de son corps, mais celui d'une autre personne. Je voyais défiler, une après l'autre, des personnes d'ethnies différentes. Un Noir d'Afrique. Après quatre ou cinq secondes, une autre personne apparaissait devant mes yeux. Un homme asiatique – un Chinois, je crois. Puis, un Blanc. Un Indien d'Amérique. Un Japonais dans un habit traditionnel de samouraï. Ils semblaient tous être des gens d'époques différentes de l'histoire de l'humanité. Ces personnes apparaissaient et dispa-raissaient les unes après les autres, en noir et blanc,

comme si elles étaient dessinées au fusain. Après une minute et demie ou deux minutes, j'ai vu le psychologue réapparaître devant moi. Je le fixais, ébahi, ne sachant quoi penser de ces hallucinations.

*Q : Vous avez vu ces gens assis à la place du psychologue?*
R : Oui. Et je lui en ai fait part. Il m'a avoué qu'il avait vu, lui aussi, deux ou trois personnes différentes assises à ma place, mais il ne pouvait clairement en définir l'ethnie. Curieusement, ces hallucinations ne me tourmentaient pas, mais soulevaient plus de questions.

*Q : Quelles questions?*
R : Qui étaient ces gens que j'avais vu défiler devant moi? D'où venaient-ils? À quoi correspondaient ces hallucinations, ces visions? Le psychologue pensait et croyait que les différentes personnes que j'avais vues pouvaient être quelques-unes de ses vies passées, de ses vies antérieures.

*Q : Des vies passées? Des vies antérieures?*

R : C'est ce qu'il pensait. Il ne voyait aucune autre explication logique, à l'esprit rationnel, à ces différents personnages que j'avais vus défiler devant moi. Mais cela me créait un problème, même plusieurs.

*Q : Lesquels?*

R *:* Premièrement, celui des vies antérieures. Je ne crois pas à la réincarnation. Malgré le nombre de fois qu'il m'est arrivé d'avoir ce genre d'hallucination, de vision, je ne crois pas à la réincarnation.

*Q : Vous ne croyez pas à la réincarnation?*

R : Non. Je n'y crois pas, parce que cela soulève d'autres questions beaucoup plus existentielles que le simple fait de percevoir l'aura.

*Q : Et quels sont ces questionnements existentiels?*

R : Admettons que la réincarnation est une réalité, quel en est le but? Pourquoi se réincarner? Cela suggère également qu'il y aurait une autre vie après notre décès, après la mort. Que devenons-nous après la mort? Si la réincarnation est réelle, nous sommes donc autre chose que des humains? Qu'advient-il de nous entre deux incarnations? Vous conviendrez que cela soulève d'autres questions sur des sujets beaucoup plus hallucinants que le simple fait de percevoir l'aura, et cela me dérange.

*Q : J'en conviens, mais comment expliquez-vous les différentes personnes, les ethnies, les époques que ce psychologue semble avoir vues chez vous, et que vous avez vous-même vues défiler devant vos yeux?*

R : Je ne me l'explique pas. Même si ces hallucinations, ces visions suggèrent la possibilité de la réincarnation, des vies antérieures, je ne me l'explique pas. Je ne sais tout simplement pas. Même si j'admettais et acceptais que ces visions soient des vies antérieures, quel est le but de la réincarnation, de se réincarner?

*Q : Effectivement, cela soulève d'autres questions. Est-ce la seule fois où vous avez eu ce genre de vision?*

R : Non. Une fois ressaisi de cette expérience quelque peu troublante, je m'exerçais, de temps à autre, à percevoir mon aura devant un miroir. J'allumais une lampe pour éclairer la pièce et je m'amusais à observer mon aura, les différentes couleurs, les vibrations qu'elle émettait. Quelques minutes après, ma vision se transformait pour laisser apparaître une autre personne qui me fixait dans le miroir. Cela m'hypnotisait. Après plus ou moins trente secondes, je regardais ailleurs et cette hallucination, cette vision disparaissait.

*Q : Incroyable!*

R : En effet, c'est incroyable. Rien ne peut expliquer cette vision, sauf si on accepte la possibilité des vies passées, la possibilité de la réincarnation. Ce phénomène est quelque chose de courant chez tous ceux et celles qui pratiquent la perception de l'aura.

*Q : Ce genre de vision est chose courante?*
R : Oui. Ce n'est pas une vision ni une perception exceptionnelle ou extrasensorielle. C'est plus courant qu'on ne le croit chez ceux et celles qui s'exercent à percevoir l'aura. C'est aussi simple que de percevoir l'aura; ça demande juste un peu plus de pratique, c'est tout. C'est comme quand j'invite les participants à percevoir mes propres pensées, les pensées sur lesquelles je me concentre.

*Q : Pardon? Vous invitez les gens à percevoir vos pensées?*
R : Oui. Et c'est très amusant. Pendant l'atelier, une fois que les gens se sont amusés pendant quelques heures à percevoir l'aura des autres participants, je les invite à percevoir, à capter les pensées sur lesquelles je me concentre. Je me place devant eux, j'écris sur un bout de papier les trois pensées sur lesquelles je me concentre et je leur demande de m'observer, de tenter de percevoir mon aura comme ils l'ont fait pendant un peu plus de deux heures.

Alors, je ferme les yeux, me concentrant uniquement sur ces trois pensées, et les gens s'amusent à tenter de les percevoir.

*Q : Quelles sont ces pensées?*
R : Ce ne sont jamais les mêmes, mais je me concentre toujours sur deux pensées simples et une pensée plus complexe. Les gens ne peuvent tricher, parce que ce ne sont jamais les mêmes pensées d'un groupe à l'autre, ni les mêmes couleurs. D'autant plus que j'écris ces trois pensées sur un bout de papier que je garde à l'abri dans ma poche. Personne ne peut donc tricher. Ils vont percevoir une ou plusieurs pensées sur lesquelles je me concentre. C'est aussi simple que de percevoir l'aura.

*Q : Attendez un instant. Vous affirmez que les gens qui pratiquent la perception de l'aura peuvent percevoir les pensées des autres personnes?*
R : Oui. Mais comprenez-moi bien : nous sommes en atelier, en vase clos, et je ne me concentre que sur trois pensées. Aucune autre pensée ne m'habite à ce moment précis… uniquement ces trois pensées.

*Q : Vous dites que vous vous concentrez sur deux pensées simples et une pensée complexe. Qu'est-ce qu'une pensée simple et qu'est-ce qu'une pensée complexe?*

R : Je vous donne un exemple facile à comprendre. Si je dessine sur un tableau une ligne horizontale bleue, c'est une pensée simple. Ou encore, si je dessine une ligne verticale jaune avec trois ondulations, c'est une pensée simple. Vous comprenez? Alors que si je dessine un cheval blanc qui galope dans un champ, c'est une pensée complexe. C'est une pensée un peu plus complexe qu'une simple ligne verticale sur un tableau, n'est-ce pas?

*Q : Je comprends. Alors, vous invitez les participants à tenter de percevoir vos pensées? Est-ce qu'ils y réussissent?*

R : Oui. Ils en perçoivent une ou plusieurs. Mais comprenez que nous sommes en atelier; c'est donc plus facile. S'ils tentent cette expérience dans la vie de tous les jours, par exemple dans un lieu public, en se concentrant sur une personne en particulier pour tenter de percevoir ses pensées, ils vont se donner un mal de tête... J'en sais quelque chose, car j'ai tenté l'expérience à plusieurs reprises. Cela dit, je n'exclus pas la possibilité de percevoir ou de capter les pensées des gens de temps à autres de façon inattendu et aléatoire, par télépathie involontaire.

*Q : Comment peuvent-ils percevoir vos pensées, mais pas celles des autres?*

R : C'est bien simple. Dans la vie de tous les jours, dans la tête des gens, dans leur cerveau, une multitude de pensées traversent leur esprit à la minute. Ils ne se concentrent sur aucune pensée en particulier. Ils laissent défiler leurs pensées sans se concentrer sur une en particulier. Alors qu'en atelier, je ne me concentre que sur trois pensées. Aucune autre pensée ne traverse mon esprit; c'est donc plus facile de les percevoir. Vous comprenez?

*Q : C'est difficile à croire, à concevoir. Comment expliquez-vous cela?*

R : Je ne l'explique pas. C'est comme percevoir les vies antérieures : je le remarque, c'est tout. Les gens qui viennent expérimenter ces faits en atelier ne se l'expliquent pas non plus. Tout comme moi, ils ne font que le constater. Certains en sont stupéfiés, alors que d'autres en sont amusés. Différentes personnes, différentes réactions.

*Q : C'est incroyable, extraordinaire! Vous soutenez toujours que les gens n'ont besoin d'aucun don particulier pour expérimenter ce genre de phéno-mène?*

R : Non. Aucun don particulier. C'est une question de pratique ou d'entraînement, tout comme quand nous apprenons à faire de la bicyclette. Avant de filer à vive allure sur celle-ci, nous apprenons à être en équilibre sur deux roues, à maîtriser le guidon, à gagner en confiance. Une fois tout cela maîtrisé, nous allons plus vite et plus loin. Nous dépassons les limites de la rue devant notre demeure, puis les limites de notre quartier, de notre ville, explorant les réalités qui dépassent les limites de ce que nous connaissons, ou croyons connaître. Vous comprenez?

*Q : Je comprends. Revenons à l'aura. Les couleurs que les gens perçoivent au pourtour du corps ont-elles une signification?*
R : Oui, elles ont une signification. Elles correspondent à quelque chose, mais je ne m'aventure pas à interpréter les couleurs. Je ne m'amuse qu'à les observer, à les admirer. J'ai consulté des livres qui tentent d'en faire l'interprétation. Il y a également plusieurs sites Internet qui en font l'interprétation, mais rien ne remplace l'expérience.

*Q : Donnez-moi un exemple d'expérience.*

R : Voilà plusieurs années, j'avais pris l'habitude d'aller prendre le déjeuner dans une brasserie près de chez moi le samedi matin. Il y avait une grande verrière qui laissait entrer la lumière du jour. Les clients s'y installaient pour profiter du soleil des longs mois d'hiver qui n'en finissaient plus. Alors que j'étais assis à lire mon journal, j'ai relevé les yeux, fixant mon regard sur la jeune serveuse que je connaissais depuis plusieurs années. J'ai vu, autour de son corps, une lumière bleu pastel de 60 centimètres d'épaisseur qui émanait d'elle. Ce bleu était de la même couleur que le ciel d'un jour sans nuages. J'étais en état admiratif devant cette vision. Après quelques secondes, je n'ai pu m'empêcher de lui dire qu'elle avait cette belle lumière bleue ciel autour de son corps. Sans hésitation et sans réfléchir, elle m'a répondu du tac au tac : « C'est parce que j'ai fait l'amour, hier soir! »

*Q : Bleu ciel?*
R : Oui, bleu ciel. Je ne cherchais pas à interpréter son aura, mais, à la suite de sa déclaration spontanée, j'ai fait un lien. Je me suis dit qu'il y avait peut-être une correspondance entre le bleu ciel et faire l'amour. C'est peut-être de là que vient

l'expression s'envoyer en l'air, être au septième ciel, être aux anges. [Rires]

*Q : Quelle curieuse correspondance! Amour/sexe = bleu ciel?*
R : Je ne sais pas si cela peut être une correspondance, mais c'est ce que j'en ai conclu. Sans réfléchir, même la serveuse y a vu instinctivement une corres-pondance. Elle était encore sur son nuage. Comme je vous le mentionnais, il n'y a rien qui puisse remplacer l'expérience. Les livres qui traitent de l'interprétation des couleurs de l'aura peuvent peut-être nous guider, mais je reste prudent avant d'en tirer des conclusions. Il y a d'innombrables variantes de couleurs, de nuances, de teintes. J'estime qu'il y a également d'innombrables variantes et nuances dans l'inter-prétation de ces mêmes couleurs.

*Q : Il y a donc de l'information dans l'aura des gens?*
R : Oui, tout à fait. Mais cette information, comme vous dites, en est une d'interprétation, et je ne me risque pas à l'interpréter. Il y a trop de couleurs et de variantes, et je ne me risque pas à spéculer sur la signification des couleurs que les gens émettent. J'admire leur aura, c'est tout.

*Q : Vous pensez qu'il peut y avoir des gens capables d'interpréter la signification des différentes couleurs de l'aura?*

R : Je ne sais pas. Peut-être qu'il y en a? Il y a plusieurs sites Internet qui traitent de la signification des couleurs de l'aura et il m'arrive de les consulter. Je dois ajouter qu'il y a beaucoup plus que les couleurs; il y a également la forme de l'aura.

*Q : Que voulez-vous dire par la « forme »?*

R : La plupart du temps, l'aura des gens est uniforme comme la coquille d'un œuf, sans particularité notable dans son relief. Il m'est arrivé à plusieurs reprises de percevoir un relief ou une forme dans l'aura des gens, en plus de la couleur. Une forme ou un relief révélateur sur la personne, sur son état émotif ou autre.

*Q : Donnez-moi un exemple.*

R : Il y a quelque temps, j'ai perçu de façon tout à fait inattendue, dans l'aura d'une jeune femme, que la couche extérieure de celle-ci, ou si vous voulez sa pelure, avait une drôle de forme. Je voyais des centaines de petites pointes au pourtour de son aura, comme les dents d'une scie égoïne… De petites pointes et des creux. Je ne savais quoi en penser. Elle ressemblait à un porc-épic – ou porc qui pique.

J'écoutais ce qu'elle me racontait, et son discours en était un de frustration, de contrariété et de colère. Elle était à prendre avec des pincettes ou des gants blancs, comme on dit. J'en ai conclu qu'il pouvait y avoir une correspondance entre la forme de l'aura et l'état émotif de la personne. Elle était hérissée, et qui s'y frotte s'y pique…

*Q : Quelle curieuse correspondance, encore une fois! Porc-épic = irrité ou contrarié. Vous avez un autre exemple?*
R : J'en ai même plusieurs, mais passons à autre chose, si vous le voulez bien.
*Q : Beaucoup de gens pensent et croient que l'on peut soigner certains malaises ou certaines maladies en intervenant directement sur l'aura des gens. Qu'en pensez-vous?*
R : Peut-être. J'ai lu et souvent entendu cette affirmation provenant de spiritualistes et de soi-disant thérapeutes énergétiques. J'ai quelques doutes et quelques réserves à ce sujet. Par contre, il y a tout de même des cas d'exception.

*Q : Quels sont ces cas d'exception?*
R : Avant de vous répondre, je ne crois pas, ne serait-ce que pour un instant, que l'on puisse soigner une personne qui fait une crise cardiaque ou encore

traiter son insuffisance rénale simplement par apposition des mains. Les gens qui souffrent de ce genre de malaise ou de maladie grave feraient mieux de se rendre à l'hôpital sans plus attendre.

*Q : Alors, vous ne croyez pas que l'on puisse soigner les gens en interagissant sur leur aura, par apposition des mains?*

R : Ce n'est pas ce que j'ai dit. Laissez-moi vous raconter une expérience que j'ai vécue avec l'un de ces thérapeutes que j'ai rencontré voilà quelques années. Si ma mémoire est bonne, j'ai rencontré ce type en 2007. Il offrait un atelier démonstratif de soin en interagissant sur l'aura des gens. Je me suis donc inscrit à cette séance de thérapie aurique par simple curiosité, tout en demeurant incrédule. Je croyais alors savoir tout ce qu'il était possible d'apprendre sur l'aura, mais je me trompais royalement. Nous étions huit participants à cette séance. Le thérapeute s'est présenté, puis nous a demandé notre prénom – uniquement notre prénom – qu'il a inscrit sur un bout de papier, découpé et déposé dans un récipient. Ensuite, il nous a expliqué comment la soirée se déroulerait. Après cette brève introduction en la matière, il a sorti un premier prénom du récipient et a demandé à cette personne de s'étendre sur une table de massage installée au centre de la salle. Puis, il a invité les autres participants à s'en approcher, à créer un cercle autour de la personne et à fixer des endroits précis sur son corps qu'il montrait du doigt. Plus de la moitié de notre groupe n'avait jamais vu d'aura de leur vie. Pourtant, tous voyaient l'aura de la personne étendue sur la table ainsi qu'une sorte de tache noire qui semblait collée sur son flanc, à même son aura.

*Q : Qu'était cette tache noire?*
R : Je ne connaissais pas la nature de cette tâche, ni ce qu'elle représentait, ni ce à quoi elle correspondait, mais elle était bien réelle. Tous la voyaient, tous en étaient médusés et bouche bée, moi le premier. En toute délicatesse, avec le bout de ses doigts, le thérapeute a commencé à retirer cette tâche. Je le voyais la retirer de l'aura de la personne, cette noirceur qui ressemblait à de minces fils ou, plutôt, à des cheveux. Il les a secoués de sa main pour les laisser tomber au sol. Aussitôt qu'il s'est mis à retirer ces fils noirs de l'aura de la personne, elle s'est mise à pleurer à chaudes larmes.

*Q : Incroyable! Comment expliquez-vous cela?*
R : Je ne me l'explique pas, donc je ne peux vous l'expliquer. Quelle était la nature de cette tache? À

quoi correspondait-elle? Comment le thérapeute a-t-il fait pour retirer cette substance, cette noirceur de la personne? D'où tenait-il cette connaissance, ce savoir? Pendant la soirée, entre le traitement énergétique de deux participants, il nous a raconté qu'il a toujours vu l'aura, d'aussi loin qu'il puisse se rappeler, depuis sa tendre enfance. Très jeune, il s'est rendu compte qu'il pouvait interagir directement sur l'aura des gens, qu'il pouvait retirer de ceux-ci des matières indésirables, invisibles pour la plupart de nous mais bien réelles, pour qu'ils puissent jouir d'une meilleure santé.

*Q : Qui est ce type? Gagne-t-il sa vie avec ces traitements de l'aura?*
R : Non. Et vous ne devinerez jamais ce qu'il fait pour gagner sa vie? Il est ouvrier spécialisé dans le domaine de la construction. Il ne gagne pas sa vie avec ses dons. Même s'il est très actif en tant que thérapeute, le montant d'argent ridiculement peu élevé qu'il demande aux gens pour se faire soigner ou soulager de leurs maux ne lui permet pas de gagner sa vie à ne faire que cela. Je dois ajouter qu'il est très sympathique et amusant à regarder, à expliquer ses tours de magie, ses prodiges. Il est très intelligent et maîtrise bien son talent, son don. Beaucoup de gens en profitent. Ce type représente

un de ces cas d'exception que je vous mentionnais. Par contre, ne vous méprenez pas : j'ignore toujours s'il soigne vraiment les gens, mais il leur fait assurément du bien. Les gens se sentent beaucoup mieux après ses séances de thérapie énergétique.

*Q : Est-ce le seul cas d'exception que vous avez connu?*

R : Je pense et je crois qu'il est unique en son genre par la façon qu'il s'y prend pour soigner les gens. Je n'ai jamais entendu parler de ce genre de phénomène ni lu de livres qui le rapportaient. Il y a aussi ces personnes ou groupes de personnes qui prétendent interagir sur l'aura des gens, sur leur énergie vitale par apposition des mains. Cela s'appelle le reiki[5]. Il y en a partout autour de la planète.

*Q : C'est effectivement connu. Croyez-vous qu'ils peuvent soigner les gens par apposition des mains?*

R : Je ne sais pas si ces thérapeutes peuvent soigner les gens, mais je sais par expérience qu'ils ne leur font aucun mal. Tout comme la Société canadienne du cancer, je pense que c'est un bon moyen palliatif pour atténuer les malaises et souffrances entre deux

---

[5] Le reiki est une méthode de soins non conventionnelle d'origine japonaise fondée sur des soins dits énergétiques par apposition des mains.

séances de chimiothérapie ou de radiothérapie. Il y a d'autres malaises qui peuvent être allégés avec la méthode du reiki. Les sciences médicales officielles ne valident pas l'efficacité du reiki, mais, sans études ni preuves médicales à ce sujet, elles ne peuvent ni en démontrer l'inefficacité. Dans tous les pays, les sciences médicales « officielles », sous licence légale, ne sont pas les seules capables de soigner les gens. Selon vos problèmes de santé, il y a des options différentes.

*Q : Alors, vous croyez que le reiki peut s'avérer efficace et utile?*
R : Oui, je le pense. C'est un bon moyen, un moyen comme un autre, mais la médecine officielle a toujours préséance sur lui. Quand vous n'allez pas bien, allez toujours consulter un médecin. Ne vous en remettez jamais uniquement à des soi-disant thérapeutes énergétiques. Nous avons tous entendu parler de ces cas d'horreur de gens qui avaient mis leur santé uniquement entre les mains de gourous de l'énergie. Alors, ne jouez pas avec votre santé : si vous n'allez pas bien, consultez d'abord un médecin. Tous ceux et celles qui pratiquent le reiki ou la thérapie par l'énergie de façon sérieuse insisteront pour que vous consultiez un médecin, si ce n'est pas déjà fait.

*Q : Vous croyez que les traitements de reiki ou énergétiques peuvent soulager les gens de leurs maux?*

R : Je n'ai aucun doute là-dessus. J'ai consulté à plusieurs reprises ces gens qui pratiquent le reiki et, dans bien des cas, cela s'avère efficace. Tous peuvent en faire l'expérience, et ce, à peu de frais. Mais comprenez-moi bien : le reiki ou les thérapeutes énergétiques ont leurs limites, tout comme les sciences médicales, d'ailleurs.

*Q : Revenons à la perception de l'aura. Les personnes qui apprennent à percevoir l'aura sont-elles prises avec cette vision pour le restant de leurs jours?*

R : Que voulez-vous dire par « prises avec cette vision »?

*Q : Ce que je voudrais savoir, c'est si elles voient l'aura en permanence, tous les jours?*

R : [Rires] Non. Elles doivent au préalable se prédisposer, se préparer à percevoir l'aura. Ce n'est pas une vision permanente. Elles peuvent percevoir l'aura selon leur désir, leur volonté. Elles connaissent les pratiques, ainsi que les moments et les endroits pour la percevoir ou non. C'est une question de pratique, de choix. En moins d'une minute, elles peuvent commencer à percevoir l'aura des gens si elles le désirent. Ce n'est pas une vision permanente, quoiqu'elles puissent de temps à autre percevoir l'aura de façon spontanée et aléatoire, pour un bref moment, sans aucune préparation consciente ou prédisposition volontaire.

*Q : Avant de conclure, soutenez-vous toujours que les personnes qui apprennent à percevoir l'aura n'ont besoin d'aucun don particulier?*
R : Tout à fait! Aucun don. Comme je l'ai précédemment affirmé, c'est un apprentissage, un art, une science, une pratique, une connaissance. Permettez-moi d'ajouter ceci : dans tous les groupes de gens à qui j'enseigne la perception de l'aura, il y a toujours des personnes bien meilleures que moi. Elles sont simplement plus douées, perspicaces, intel-ligentes. Elles s'appliquent à observer l'aura et en saisissent toutes les subtilités. En moins de trois heures, elles apprennent ce que j'ai pris plus de 20 ans à étudier et à apprendre.

*Q : Vous êtes humble.*
R : Je ne suis pas humble, seulement réaliste et, surtout, honnête.

*Q : Je crois avoir fait le tour en ce qui concerne vos connaissances sur l'aura et vos expériences en la matière. Avez-vous autre chose à ajouter à ce sujet?*

R : C'est déjà terminé? Alors, oui. Je souhaite ajouter ceci : que vous croyiez ou non à l'existence de l'aura; que vous soyez scientifique, religieux pratiquant ou non pratiquant, athée ou sceptique, cela n'a aucune importance. Sachez que l'aura, cette luminosité au pourtour des gens, est bien réelle.

Nous sommes tous des gens de couleurs.

# Remerciements

L'auteur tient à remercier Alain Vincent et
Francis Hosein.

Ainsi que tous ceux et celles qui ont participé aux
ateliers de la perception de l'aura avant la
publication de cet essai.


danielstamour.com